FÜHRER DURCH KHIROKITIA

REIHE DER ARCHÄOLOGISCHEN FÜHRER

FÜHRER DURCH KHIROKITIA

Text von
Alain Le Brun

KULTURSTIFTUNG DER BANK VON CYPERN
IN ZUSAMMENARBEIT MIT DEM CYPRISCHEN STAATLICHEN ANTIKENDIENST

NICOSIA 1997

ISBN 9963-42-062-1

© COPYRIGHT 1997 KULTURSTIFTUNG DER BANK VON CYPERN

INHALT

ZUM GELEIT	7
EINLEITUNG	11
Forschungsgeschichte	12
Klima und Umwelt	12
Ein geschlossenes Dorf	13
Die Zugänge zum Dorf	17
Bauweise	19
Häuser und Dorf	21
Die Menschen	27
Der Mensch und seine Empfindungen	27
Das Werkzeug	31
Die Wirtschaft	39
Cypern und das Festland	41
BESICHTIGUNG DER SIEDLUNG	45
Zone A	45
Zone B	48
Zone C	53
Zone D	57
BESUCHERZENTRUM UND ARCHÄOLOGISCHER PARK	61
BIBLIOGRAPHIE	63

Im Gedenken an Evangelos L. Louizos

Im Jahre 1987 startete die Kulturstiftung der Bank von Cypern das Programm der Veröffentlichung von Archäologischen Führern für Cypern. Der Erlös aus dem Verkauf dieser Schriften wird dem cyprischen staatlichen Antikendienst für die Konservierung und Restaurierung von Kunstdenkmälern überwiesen.

Die Kulturstiftung hat bereits folgende Führer veröffentlicht: den Führer von Kourion, *den* Führer der Paphos Mosaiken, *den Führer* Das Haus des Dragoman von Cypern Hadjigeorgakis Kornessios. *Sie erschienen in Griechisch, Englisch, Französich und Deutsch. Der vorliegende Führer befasst sich mit der neolithischen Siedlung von Khirokitia. Den Text verfasste Alain Le Brun, der seit 1976 die französische archäologische Mission von Khirokitia leitet. Sophocles Hadjisavvas, Kurator der Kunstdenkmäler im cyprischen staatlichen Antikendienst, verfasste den Anhang über den Archäologischen Park.*

Allen am Zustandekommen dieser Schrift Beteiligten möchte die Kulturstiftung der Bank von Cypern danken, allen voran Herrn Bernhard Graf für die deutsche Übersetzung, Frau O. Daune-Le Brun für die Zeichnungen (Abb. 1, 5, 8, 12, 18, 21, 48) und Herrn Y. Hadjisavvas, dem Leiter des Fotoarchives im Cypern Museum, Nicosia. Abbildung 4 verdanken wir der französischen archäologischen Amathus-Mission, die Abbildungen 22, 25, 26, 32 fotografierte Herr A. Metaxas mit Erlaubnis des staatlichen Antikendienstes. Alle übrigen Farbaufnahmen stammen von der französischen archäologischen Mission Khirokitia. Die Abbildungen 2, 20, 40-47 entstanden während der Ausgrabungen von Porphyrios Dikaios und wurden mit freundlicher Genehmigung des staatlichen Antikendienstes verwendet. Die Herausgabe dieses Führers betreute Marie-Lise Mitsou.

Andreas Patsalides
Präsident der Kulturstiftung
der Bank von Cypern

Abb. 1. Die wichtigsten neolithischen präkeramischen Fundorte in Cypern

Abb. 2. Ausgrabungen 1937 in Zone A (S. 8-9)

DIE INSEL CYPERN ist seit dem Miozän vom Festland getrennt, auf dem der Mensch sehr früh Spuren hinterlässt und wo wir in der Zeit zwischen dem 10. und dem 8. Jahrtausend v. Chr. beobachten können, wie sich die Jäger- und Sammlergesellschaften zu den ersten Bauern- und Hirtengesellschaften wandeln. Es entstehen die ersten dörflichen Siedlungen; die Menschen beginnen die Züchtung von Haustieren und Pflanzen, sie erlernen neue technische Fertigkeiten. Dieser kontinuierliche Wandel ist in Cypern nicht zu spüren. Der Mensch erscheint hier zwischen 10000 und 8000 v. Chr. für kurze Zeit, wovon der Siedlungsplatz Akrotiri-Aetokremnos ein bescheidenes Zeugnis ablegt. Dann folgt eine lange Periode, über die wir nichts wissen. Gegen 7000 v. Chr. (mit der C14-Methode bestimmte, unter Berücksichtigung der Datierung mittels Dendrochronologie-Methode korrigierte Zeitangabe) allerdings, oder vielleicht noch früher, stossen wir unvermittelt auf Dorfgemeinschaften, die Ackerbau und Tierzucht betreiben, die Pflanzen anbauen und Tiere züchten, auf deren wild lebende Vorfahren auf der Insel hingegen keine Spuren hinweisen.

Diese Kultur, die wir Präkeramisches Cyprisches Neolithikum nennen –"präkeramisch" deshalb, weil das Töpfern noch nicht bekannt ist– wird durch Khirokitia und gegen zwanzig weitere Siedlungsplätze belegt: von Kap Andreas-Kastros im äussersten Osten der Insel bis in den Westen nach Kholetria-Ortos, von Troulli und Petra tou Limniti im Norden bis Kalavasos-Tenta und Skillourokambos im Süden. Nicht vergessen wollen wir Dhali-Aghridi und Kataliondas im Zentrum Cyperns. Weitere schon bekannte Plätze wurden bisher archäologisch nicht untersucht (Abb. 1).

Forschungsgeschichte

Khirokitia wurde 1934 von Porphyrios Dikaios, dem späteren Direktor des cyprischen Antikendienstes, entdeckt, welcher den Fundplatz in sechs Kampagnen zwischen 1936 und 1946 erforschte (Abb. 2). Nebst den zahlreichen in den Sektoren A, B und C freigelegten Häuserresten förderten die Arbeiten auf annähernd 185 m Länge auch die Spuren einer linearen Steinkonstruktion zu Tage, die das ganze Grabungsgelände von Norden nach Süden durchzieht und stellenweise bis zu 3,50 m Höhe erhalten ist. Diese umfangreichen architektonischen Zeugnisse einerseits sowie das Fehlen von Keramik im ganzen Fundmaterial andererseits bestätigten auf unmissverständliche Weise eine präkeramische Kultur auf der Insel, wie sie seit den Ausgrabungen von Petra tou Limniti durch die schwedische Mission 1929 vermutet wurde.

Die weitere Erforschung Khirokitias begann erst in den siebziger Jahren. 1972 führte der cyprische Antikendienst zwei Untersuchungen durch: eine heute wieder zugefüllte Sondierung im Norden von Sektor C sowie, in Sektor A, die teilweise Freilegung von Gebäude XII.

Die Besetzung eines Teils der Insel durch türkische Truppen 1974 zwang den cyprischen Antikendienst, die archäologischen Aktivitäten neu zu planen. Er entschloss sich daher, für den Grabungsplatz ein neues Forschungsprogramm aufzustellen. Eine erste orientierende Kampagne von 1976 erlaubte es, sich von der Ausdehnung des Siedlungsgebietes ein genaueres Bild zu machen. An der höchsten Stelle des Hügels wurde der neue Sektor D ausgeschieden (Abb. 3), den im folgenden Jahr eine französische Mission zu erforschen begann. Ihre Arbeit wird bis heute unterstützt vom Centre National de la Recherche Scientifique (CNRS) und von der Direction générale des Relations culturelles, scientifiques et techniques du Ministère français des Affaires Etrangères.

Klima und Umwelt

Die Insel hat heute ein mediterranes Klima mit seinem typischen Wechsel von ausgeprägten Jahreszeiten: heisse und trockene Sommer von Juli bis September und milde, regnerische Winter von November bis März, die von kurzen, instabilen Herbst- und Frühjahrsperioden im Oktober und April-Mai getrennt werden. Die im Süden registrierten Niederschlagsmengen liegen bei durchschnittlich 400-500 mm pro Jahr und verteilen sich hauptsächlich auf die Monate November-Dezember bis März.

Dieses Bild entspricht ungefähr demjenigen, welches das Studium der fossilen Pollen ergibt: die wenigen vertretenen Baumarten, die schon in den frühesten Fundschichten nachgewiesen werden können, das heisst seit der Mensch sich hier niederzulassen begann, sind wärmeliebend (thermophil) als oder sogar mediterran typisch zu bezeichnen. Der zwar sporadische, aber in allen Pollendiagrammen wiederkehrende Nachweis dieser Baumarten lässt auf ein konstantes, warmes und trockenes Klima schliessen. Im Gegensatz zu den Ergebnissen der Analysen von Holzkohlresten ergeben die gleichen Diagramme auch das Bild einer ähnlich spärlich bewaldeten Landschaft, wie wir sie heute noch erleben.

Ein geschlossenes Dorf

Die Siedlung Khirokitia liegt etwa sechs Kilometer vom Meer entfernt im Tal des Flusses Maroni in einer relativ hügeligen Gegend der letzten Ausläufer des Troodos-Massivs. Die Überreste des neolithischen Dorfes, oder genauer, der sich ablösenden Dörfer –der Siedlungsplatz war durch die ganze präkeramische Periode hindurch ununterbrochen bewohnt–, überziehen die Flanken eines Hügels, welchen im Norden, Osten und Südosten der tief eingeschnittene Fluss begrenzt und der im Westen in die benachbarte höhere Hügelzone übergeht (Abb. 4 und 5). Das überbaute Gebiet wird in nordsüdlicher Richtung von einer linearen Steinkonstruktion durchschnitten (Abb. 5: S.100, Abb. 6) und so in einen westlichen und einen östlichen Bereich getrennt. Diese Steinstruktur interpretierte Dikaios als Hauptverkehrsweg der ganzen Siedlung, als ihr eigentliches Rückgrat. Seiner Meinung nach, einerseits der westliche und der östliche Siedlungsbereich seien gleichzeitig bewohnt gewesen, und andererseits diese in der Mitte des Dorfes angelegte Konstruktion habe den Wunsch der Bevölkerung nach einem Verkehrsweg erfüllt. Der Ort hätte sich demnach also auf diese "Hauptstrasse" orientiert.

Abb. 3.   Übersicht über Zone D

Die Wiederaufnahme der Arbeiten stellt nun allerdings diesem Bild der Verhältnisse ein ganz anderes gegenüber.

So stellt man beispielsweise fest, dass sich die Siedlung weit weniger nach Westen ausdehnte, als dies die Topographie des Hügels hatte vermuten lassen, der für eine Überbauung eigentlich geeignet gewesen wäre. Andererseits lässt sich erkennen, dass die Bebauung im östlichen Bereich beachtlich war und somit die Lage der "Strasse" anstatt als zentral vielmehr als peripher zu bezeichnen ist.

Schliesslich zeigten die Arbeiten im Sektor D, dass die beiden Siedlungsbereiche keineswegs gleichzeitig bewohnt worden waren, sondern dass der östliche Bereich *vor* dem westlichen besiedelt worden war und dass auch die "Strasse" *vor* der Besiedlung des westlichen Bereiches gebaut worden sein muss.

Wir verstehen so die Einbettung des Dorfes in den landschaftlichen Raum verstärkt von der topographischen Situation her: Seit seinen Anfängen ist es von der Aussenwelt getrennt durch eine Mauer, welche den Hügel

Abb. 4.   Flugaufnahme der Siedlung Khirokitia

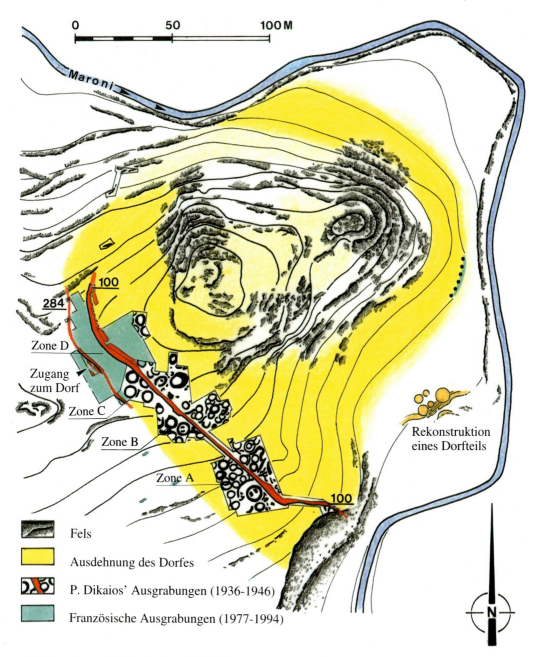

Abb. 5. *Gesamtplan der Siedlung Khirokitia*

Abb. 6.   Aussenseite der ersten Umfassungsmauer. Links eine spätere Konstruktion

Abb. 7.   Das Bett des Flusses Maroni am Fuss der Siedlung

abriegelt und so dort den natürlichen Schutz desselben ergänzt, wo ihn weder der mäandrierende Fluss (Abb. 7) noch der stellenweise sehr steile Abhang bieten – ein kurzer Blick auf den Gesamtplan von Khirokitia verdeutlicht dies (Abb. 5). Die Mauer –sie bestand aus gestampfter lehmhaltiger Erde und war auf ihrer Aussenseite mit einem Steinmantel verstärkt– wurde mehrere Male umgebaut, ohne dass dabei ihr Verlauf allerdings grundsätzlich geändert worden wäre. Sie erfüllte auch ihre Aufgabe bis zu jenem Zeitpunkt, da das Dorf sich westwärts über seinen ursprünglichen Rahmen hinaus in bisher unbewohnte Zonen vergrösserte. Die nicht restlos geklärten Gründe für diese Entwicklung dürften in einem Anwachsen der Bevölkerung liegen.

Es wiederholt sich dann das selbe Schema: die neuen Wohnzonen sind ihrerseits bewehrt von einer starken Steinmauer von 2.50 m Breite, die auf über 60 m Länge nachgewiesen wurde und stellenweise bis auf über drei Meter Höhe erhalten ist (Abb. 5: S. 284).

Damit erscheint uns Khirokitia nicht mehr als ein auf eine zentrale Strasse orientierter Ort, sondern vielmehr als eine natürlich durch die Topographie des Geländes und künstlich durch eine Mauer abgeschlossene Siedlung. Der Bau dieser Mauer dokumentiert eine im Nahen Osten seltene, für ein Dorf wichtige gemeinschaftliche Leistung. Vor allem aber setzt er eine genügend strukturierte soziale Organisation voraus, welche es erlaubt, die notwendige Arbeitskraft zu mobilisieren, um den Bau und den Unterhalt solcher für die Gemeinschaft wichtiger Einrichtungen von dieser Grösse sicherzustellen.

Der defensive Charakter dieser Bauten ist offensichtlich. Die verschiedenen in Cypern durchgeführten Untersuchungen haben allerdings ergeben, dass das Land eher dünn besiedelt war. Man kann sich daher schwerlich territoriale Konflikte vorstellen, die Verteidigungswerke solchen Ausmasses notwendig machen würden. Es stimmt zwar, dass der Wunsch, Gebiete zu erobern, nicht der einzige Grund für Gewaltaktionen ist. Jedoch: Sofern man nicht zumindest eine Bewaffnung mit aus vergänglichem Material gefertigten Waffen voraussetzen will, muss man die Kriegsmittel, nach dem Fundmaterial zu schliessen, als äusserst einfach, wenn nicht überhaupt inexistent betrachten. Des weiteren wurden keinerlei Spuren irgendwelcher Feindseligkeiten gefunden. Weder auf Feuersbrünste, noch auf Zerstörungen oder gewaltsamen Tod haben wir Hinweise. Wie dem auch sei: diese Mauern verkörpern die Grenze zwischen bebauten und unbebauten Zonen, zwischen bewohnten Gebieten und der unbewohnten Aussenwelt, und sie belegen den hohen Wert, der Wohngebieten beigemessen wurde.

Die Zugänge zum Dorf

Das Dorf, verstanden als in sich geschlossene Welt und auch als solche behandelt, trat mit der Aussenwelt nichts desto weniger durch einen, durch seine Längsausdehnung bedingt aber wohl eher durch mehrere Zugänge in Kontakt. Zwei davon, in verschiedenen Phasen der Besiedlung benützt, wurden in Zone D gefunden. Vom älteren, der teilweise zerstört und durch spätere Bauten verbaut wurde, ist nurmehr wenig übriggeblieben. Der jüngere dagegen, welcher am Fuss des Hügels identisch rekonstruiert wurde, ist in ausgezeichnetem Zustand erhalten (Abb. 8 und 49). Es handelt sich dabei nicht einfach um eine Öffnung in der Mauer, sondern vielmehr um eine architektonisch komplexe Anlage. Sie ist so angelegt, dass sie den beachtlichen Niveauunterschied von mehr als zwei Metern überwindet, der zwischen dem Dorf und dem Bereich vor der Mauer besteht. Ebenso erlaubt sie es, den Zugang zum Dorf zu kontrollieren.

Diese in Cypern und dem Nahen Osten einzigartige Anlage belegt eindrücklich die aussergewöhnlichen technischen Fertigkeiten der Bevölkerung von Khirokitia. In ein quaderförmiges Steinmassiv von 10 m Länge und 1.60 m Tiefe, welches gegen die Aussenseite der Mauer gesetzt ist, wurde eine abgewinkelte Treppe eingebaut.

Die Treppenstufen sind 0.80 m breit und 0.30 bis 0.40 m hoch sowie 0.45 m tief. Der mittlere und gleichzeitig längste Abschnitt der s-förmigen Treppe entzieht sich indiskreten Blicken sowohl von aussen als auch von innen.

Bereits kontrolliert durch die Enge und den verwinkelten Verlauf der Treppe, wird der Zugang zum Dorf zusätzlich erschwert durch eine bis gegen zweieinhalb Meter hoch erhaltene mächtige Baustruktur, die ungefähr

Abb. 8.   Rekonstruktion eines der Zugänge zum Dorf

zwei Meter vor dem Treppenanfang liegt und so die ungehinderte Annäherung verunmöglicht. Handelt es sich um ein isoliertes Bauwerk in der Art einer Bastion? Oder wurde hier eine weitere Mauer errichtet, die ihrerseits Öffnungen aufzuweisen hätte? Die laufenden Forschungsarbeiten müssten dies zuerst noch klären. So oder so: Das Ausmass der Arbeiten und die daraus resultierende schwere Belastung in Arbeitstagen für die Bevölkerung, besonders aber die Vielzahl der Hindernisse, welche eine genaue Kontrolle des Zugangs zum Dorf ermöglichen, sagen genug aus über den Wunsch der Bewohner von Khirokitia, in einer abgeschlossenen, beschützten Welt zu leben. Wie aber sind die Bauten im Innern dieser Welt organisiert? Und vor allem: wie sehen sie aus? Wie sind sie beschaffen?

Die Bauweise

Architektonisches Grundelement ist ein Rundbau, dessen äusserer Durchmesser zwischen 2,30 und 9,20 m variiert, der innere hingegen zwischen 1,40 und 4,80 m (Abb. 3). Vor seiner Errichtung wurde der Baugrund mehr oder weniger sorgfältig hergerichtet, indem er planiert und manchmal auch verputzt wurde. Die Mauern wurden anschliessend direkt und ohne Fundamentgraben auf den Grund gestellt (Abb. 9). Steinblöcke, gestampfte Erde und Lehmziegel bildeten das Baumaterial. Beim Stein handelt es sich um zusammengelesene helle Kalkblöcke oder dunkle vulkanische Kiesel aus dem Flussbett. Lehmziegel sind ein Gemisch aus lehmhaltiger Erde und Stroh, das, zu Quadern geformt, in der Sonne getrocknet wurde. Die Baustoffe wurden für sich allein oder aber auch kombiniert verwendet. So findet man beispielsweise einfache oder doppelte Steinmauern, die man mit Lehmm fixierte. Lehmziegelmauern oder Mauern aus gestampfter Erde existierten ebenso wie Mauern aus in gestampfte Erde gebetteten Steinen oder auch Mauern, deren äussere Schale aus Stein besteht, die innere dagegen aus gestampfter Erde oder aus Lehmziegeln, welche in einzelnen Fällen auf einem Steinfundament ruhen. Die Aussenseite des Mauerwerks war ebenso wie die Innenseite mit einem hellen Lehmverputz bestrichen. Gelegentlich schützten gegen den Mauerfuss gestellte Steinplatten diesen vor dem Aufweichen durch Regenwasser.

Zutritt zu den Bauten gewährt eine Öffnung in der Mauer von durchschnittlich 0,50 m Breite und ausgestattet mit einer Steinplatte als Schwelle (Abb. 14 und 50). Dort, wo der Eingang höher liegt als der Boden im Innern des Gebäudes, gleichen einige Stufen diesen Niveauunterschied aus. Einzig wenige kleine Öffnungen für die Belüftung und auch für die Belichtung der Räume sind in einzelnen Fällen zusätzlich in die Mauern eingelassen. Auffallendstes Beispiel dafür ist ein Bau in Zone D, der nicht weniger als drei regelmässig angeordnete Fenster von durchschnittlich 0,45 m Breite aufweist (Abb. 10 und 50).

Das Dach ist eine flache Terrasse und nicht eine Kuppel, wie dies die sichtbare Neigung der Mauern nach innen und auch das Fehlen von Balkenlöchern oder von Spuren verkeilter Balken eine zeitlang hatte vermuten lassen; die Neigung rührt vielmehr vom Druck des aussenliegenden Erdreichs her und ist nicht der Beginn der Überkuppelung. Den Beweis für die flache Dachkonstruktion lieferte ein Bau, der durch einen Brand zerstört worden war, und in welchem eine grosse

Zahl von vom Feuer verbackenen Erdbrocken über den Boden verstreut lag, welche die verstürzten Reste des Daches darstellen (Abb. 11). Diese Brocken nun sind flach –einige von ihnen sind im Distriktmuseum von Larnaca ausgestellt– und weisen auf der einen Seite Spuren von Pflanzen und pflanzlichem Material auf. Die genauen Untersuchungen dieser Fragmente ergeben ein Bild der Dachkonstruktion (Abb. 12): Tragkonstruktion ist ein Rost aus Holz, der auf der Mauerkrone ruht. Darüber wurden zwei Lagen von Rutengeflechten gelegt, die von mehreren Lagen gestampfter, aber auch lockerer Erde bedeckt wurden. (In vielen cyprischen Dörfern kann man diese Dachkonstruktion noch heute sehen. Anm.d.Ü).

Der Boden in den Bauten ist mit einem Estrich von unterschiedlicher Qualität überzogen, der von Zeit zu Zeit erneuert worden war und direkt auf den unterliegenden Schichten, oder auf einer Unterlage aus kleinen Steinen, Kieseln oder sogar aus Lehmziegeln ruht. Der Estrich ist an den Mauern hochgezogen und kann gemalte Wanddekorationen tragen, wie dies auch an Pfeilern in einigen Bauten der Fall ist (Abb. 13).

Abb. 9.   Steinkonstruktion über Resten einer Lehmziegelkonstruktion

Abb. 10.   Fenster (Zone D, Gebäude S. 125)

Abb. 11.   Fragment der Bedachung

Der schlechte Erhaltungszustand der Wanddekorationen gibt leider nicht Auskunft darüber, ob es sich um geometrische oder figürliche Darstellungen handelt. Im benachbarten und auch zeitgleichen Fundort Kalavasos-Tenta wurde ein Beispiel figürlicher Malerei gefunden. Ein Teil davon ist heute im Cypern-Museum in Nicosia ausgestellt. Die Tatsache, dass in den beiden Fundorten diese Technik angewendet wurde, veranlasst uns, das Präkeramische Neolithikum Cyperns in einer kulturellen Tradition anzusiedeln, die im Nahen Osten bereits im 9. Jahrtausend v. Chr. beginnt.

Häuser und Dorf

Die Bauten enthielten je nach ihrer Nutzung verschiedene Ausstattungen (Abb. 14, 15 und 51). Vorsprünge, niedrige Mauern, oder meist trapezförmige Podeste teilten den Raum in Arbeits- und Ruhezonen; Wannen, Becken und Herdstellen waren Installationen für die Hausarbeit. Erwies sich die nutzbare Fläche durch diese zahlreichen Einrichtungen

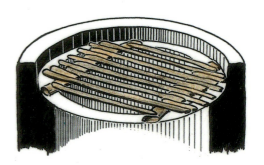

Abb. 12. Rekonstruktion der Bedachung eines Gebäudes

allzusehr beschränkt, so konnte in einzelnen Fällen (z.B. Abb. 15) eine Plattform Ersatz schaffen, die auf Steinpfeilern ruhte. In dem Bau IA (Abb. 41), welchen der Besucher als einen der ersten unweit des Eingangs zum Grabungsareal sieht, sind diese Pfeiler ansatzweise noch erhalten. Abb. 15 zeigt dieselbe Situation in einem Gebäude in Zone D.

Jede dieser auf vielfältige Weise ausgestatteten Bauten ist Teil eines grösseren wirtschaftlichen Bereichs: des Hauses im eigentlichen Sinn. Der Prototyp, wie er sich aus den archäologischen Untersuchungen in Khirokitia ergibt, besteht aus einer Anzahl solcher "Zellen", die um eine nicht überdachte Fläche, eine Art kleiner Binnenhof, angeordnet sind, in welchem sich ein Reibstein zum Mahlen des Getreides befindet. Er ist in den Boden eingelassen und von einer Steinpflästerung umgeben (Abb. 16). Der so gebildete bauliche Rahmen, gross genug für die Aufnahme einer ganzen Familie, ist Ort für die verschiedenen, auch räumlich definierten alltäglichen Arbeiten. Das Zerstampfen des Getreides wird im häuslichen Rahmen ausgeführt, allerdings im Freien aus-

Abb. 13. Gemalte Wanddekoration (Zone D, S. 122)

Abb. 14. Gebäude S. 94 in Zone D

Abb. 15. Gebäude S. 122 in Zone D

serhalb der Bauten. Demgegenüber wird die Nahrung auf Herdstellen zubereitet, die man nur unter Dach findet. Die Kochstellen (Abb. 17) sind auf niedrigen, rechteckigen Podesten eingerichtet. Auf diese wurden kleine Kiesel gesetzt oder eine Steinplatte gelegt, die zur Abstrahlung der Hitze diente, welche die im Freien vorbereitete Glut erzeugte. Auf diese Weise konnte eine allzu starke Rauchentwicklung im Gebäudeinnern vermieden werden.

Abbildung 18 zeigt eines dieser Häuser in der Zone D. Man erkennt sieben runde Bauten von verschiedener Grösse, die sich durch Öffnungen von 0,50 m Breite auf einen zentralen freien Platz öffnen. Auf ihm befindet sich eine Getreidemühle. Die kleine Installation im Vordergrund, deren Boden auf einer Unterlage aus Kieseln ruhte, könnte zur Lagerung von Vorräten gedient haben. Nicht alle der erkennbaren Bauten mussten dem selben Zweck dienen; so haben einige davon eine Herdstelle, andere wiederum nicht. Zum gleichen Ergebnis führt auch die Beobachtung der Streuung der Silex-Werkzeuge, Steingefässe und Werkzeuge aus Knochen.

Abb. 16. Installation zum Mahlen von Getreide (Zone D)

Abb. 17. Herdstelle (Zone D, Gebäude S. 125)

Abb. 18. Rekonstruktion einer Wohneinheit

Sie erlaubt es beispielsweise, im Innern der Bauten Bereiche mit speziellen Funktionen zu unterscheiden.

Die solcherart definierten Häuser sind zusammengebaut; getrennt werden sie einzig durch schmale Bereiche, die der Zirkulation dienten oder in die die Abfälle geworfen wurden. Wenngleich das Gefüge der Bauten in Khirokitia dicht ist, so wird es doch stellenweise gelockert, um freien Flächen Raum zu geben, die weder häusliche Einrichtungen noch Spuren häuslicher oder sonstiger Tätigkeit zeigen, deren Oberfläche aber sorgfältig bearbeitet worden war. Es wird sich also dabei nicht um ungenutzte, vernachlässigbare Bereiche gehandelt haben, sondern um für uns zwar leere, durch ihre Einbindung ins Dorf aber offensichtlich für bestimmte Aspekte des Lebens sowie Aufgaben der Gemeinschaft vorgesehene Zonen.

Das Dorf zieht sich in die Länge und beschreibt einen weiten Halbkreis um die höchste und steilste Stelle des Hügels (Abb. 5). Es bedeckt eine Fläche von schätzungsweise 1,5 ha. Diese Schätzung berücksichtigt die Veränderung der Bebauung nicht, die –wir haben es oben festgestellt– im Osten angefangen und sich gegen Westen fortgesetzt hat. Auch kann sie, ergänzt durch die Informationen über die Siedlungsdichte aus den Grabungen in Zone D, nur für eine ungefähre maximale Bevölkerungszahl Grundlage sein. Geht man davon aus, dass die ganze zur Verfügung stehende Fläche der Siedlung durch die Zeit hindurch kontinuierlich bewohnt gewesen war, dann ergibt sich für Khirokitia eine maximale Einwohnerzahl zwischen 300 und 600, und zwar näher bei 300.

Die Menschen

Die Bewohner von Khirokitia waren von eher kleinem Wuchs: die Männer erreichten eine durchschnittliche Grösse von 1,61 m, die Frauen eine solche von 1,51 m. Ihre physische Erscheinung war geprägt von der Breitschädligkeit, welche in vielen Fällen noch verstärkt wurde durch die künstlich erzeugte Abflachung der hinteren Schädelpartie, die –so scheint es– häufiger bei Frauen als bei Männern praktiziert wurde. Diese Verformung des Schädels erreichte man zweifelsohne durch das Anbringen einer kleinen Platte auf dem Hinterkopf, die mit Bändern festgebunden wurde und so auf den Schädel drückte. Die Sterblichkeitsrate der Kinder war hoch; die Lebenserwartung betrug 22 Jahre. Das Durchschnittsalter der erwachsenen Männer lag bei etwa 35, bei den erwachsenen Frauen bei etwa 33 Jahren.

Der Mensch und seine Empfindungen

Weder in Khirokitia noch in einer der anderen ausgegrabenen präkeramischen Siedlungen in Cypern wurde bisher eine Kultstätte gefunden. Die Bestattungspraktiken, zusammen mit Wanddekorationen und Figurinen, sind die einzigen in Frage kommenden Dokumente, die vermögen, ein Licht auf die Gedankenwelt und die tiefreichenden Gefühle der cyprischen Menschen im Neolithikum zu werfen.

So wie der bewohnte Raum den Lebenden gehört, so gehört er auch den Toten. In der Tat wurden nämlich die Toten in Gruben bestattet, die man im Innern der Bauten ausgehoben hatte (Abb. 19). Aber die Häuser wurden deswegen nicht etwa aufgegeben; war der Leichnam begraben, so füllte man die Grube wieder auf und überdeckte und verschloss sie mit einer Schicht von gestampfter Erde, die wieder als Boden des Hauses diente. So blieben die Toten gleichsam bei den Lebenden und der Tod führte nicht zu einer Separierung in einer Gesellschaft, die ja gewillt war, auf begrenztem Raum zusammenzuleben. Die Toten wurden bestattet, noch bevor der Körper sich zu zersetzen, die Gliederverbindungen sich zu lösen anfangen konnten. Zwar wurden die Toten in aller Regel auf ihre rechte Seite gelegt, gelegentlich ruhen sie aber auch auf ihrer Linken oder auf dem Rücken, nur selten auf dem Bauch. In einzelnen Fällen ist der Körper verdreht, d.h. er liegt zur Hälfte auf Rücken oder Bauch und zur Hälfte auf einer Seite. Immer sind die Körper zusammengezogen; die Krümmung scheint dabei vom Alter der Verstorbenen abhängig zu sein, und die Mehrzahl der Erwachsenen liegt mit extrem angewinkelten Beinen. Die Ausrichtung der Bestattungen ist nicht rein zufällig, wenngleich unterschiedlich, und eine mögliche Unterscheidung nach dem Geschlecht der Toten ist nicht ganz auszuschliessen.

Abb. 19. Drei Bestattungen im innern von Gebäude S. 97 in Zone D

Grabbeigaben (Gebrauchsgegenstände des Alltags ebenso wie Objekte des Totenkultes) sind nicht die Regel (Abb. 20), treten aber gleichermassen bei Bestattungen von Frauen wie von Männern auf. Die Art der Beigaben ist entsprechend dem Geschlecht verschieden: Halsketten, abwechselnd aus kleinen Muscheln und Steinperlen (Karneol), finden sich nur in Frauengräbern (Abb. 43). Gefässe aus Stein, die oft absichtlich zerbrochen oder nutzlos gemacht worden waren, begleiten häufiger weibliche Leichname als männliche (Abb. 20 und 43). Demgegenüber ist der Brauch, den Leichnam mit einer schweren, rohen oder auch behauenen Steinplatte auf dem Bauch zu beschweren –als wollte man ihn daran hindern, in die Welt der Lebenden zurückzukehren–, bei Bestattungen von Männern doppelt so häufig wie bei Frauen (Abb. 19).

Wie komplex das Bestattungsritual gewesen sein musste, zeigt die Bestattung einer erwachsenen Frau, deren Untersuchung es ermöglicht, von der Abfolge der einzelnen Schritte eine Vorstellung zu erhalten. Nach-

Abb. 20. *Bestattung (Zone A, Grab IX), ausgegraben 1938*

dem die Grube im Innern des Hauses ausgehoben worden war, legte man zwei Steingefässe in sie hinein: ein kleineres, in drei Stücke gebrochenes Becken sowie, mit dem Rand nach unten, ein grösseres, dessen Boden an Ort und Stelle durchbrochen wurde. Dann erfolgte die Bestattung der Toten; ihr Kopf ruht auf dem grossen Becken. Den Körper bedeckte man mit einem grossen, behauenen Stein, auf welchen ein drittes Steingefäss gestellt wurde, das seinerseits in mehrere Stücke gebrochen worden war. Schliesslich wurde die Grube aufgefüllt und mit einer Schicht gestampfter Erde verschlossen (Abb. 21).

Die am Ort gefundenen gemalten Wanddekorationen sind zu schlecht erhalten und zu undeutlich, um sie richtig aufzuschlüsseln oder gar zu verstehen. Die klarste Vorstellung haben wir von einer Darstellung in Kalavasos-Tenta –es sind die Reste einer Szene mit mindestens zwei Personen, deren eine die Arme erhoben hat–, aber es bleibt uns lediglich die Feststellung, dass die Darstellung von Menschen durchaus zum Bildrepertoire gehörte. Die Person mit den

Abb. 21.   Rekonstruktion eines in Khirokitia nachgewiesenen Bestattungsrituals

Abb. 22.   Aus Ton geformter Kopf

Abb. 23.   Anthropomorphe Figurine. Vulkangestein

erhobenen Armen kennen wir auch von einer in Khirokitia gefundenen Steinschale und sie ist nicht ohne Ähnlichkeit mit gewissen Figuren aus Çatal-Hüyük in Anatolien.

Auch bei den Motiven der plastischen Figuren herrschen Menschen vor. Die Darstellung von Tieren ist selten und von den (uns bekannten) Haustieren findet sich kein einziges Beispiel. In dieser Hinsicht unterscheidet sich das cyprische präkeramische Neolithikum nicht von den Kulturen des Nahen Ostens.

Mit Ausnahme eines aus Ton modellierten Kopfes (Abb. 22), der sich jetzt im Cypern-Museum in Nicosia befindet, sind alle in Khirokitia gefundenen Figurinen aus Stein. Einerseits handelt es sich um kleinere Kiesel, denen seitliche Einbuchtungen die Silhouette von Menschen geben, und bei denen eine senkrechte Einkerbung vorn die Trennlinie zwischen den Beinen andeutet (Abb. 23). Andererseits finden wir noch stärker abstrahierte Formen, bei denen auf dem länglichen Körper ein scheibenförmiger Kopf sitzt (Abb. 24). Es wurden auch Beispiele gefunden, bei denen plastische Details des Körpers durch einfache geometrische Formen ausgedrückt werden (Abb. 25). Schliesslich gab es auch grössere Figuren, von denen lediglich die Köpfe mit zahlreichen nachgebildeten Einzelheiten erhalten sind (Abb. 26).

So verschieden diese Figuren sind, so verschieden dürfte auch deren Zweckbestimmung gewesen sein; die Fundsituation in den einzelnen Fällen lässt keine genaueren Erklärungen zu. Erstaunlich ist allerdings, dass jeglicher Hinweis auf das Geschlecht fehlt, und auch wenn die Statuetten in einigen Fällen unverkennbar phallische Ausstrahlung haben, so bleibt man doch immer im Bereich der Ungewissheit. Diese Zurückhaltung und besonders das Fehlen der Frau in der Bildwelt des cyprischen präkeramischen Neolithikums ist umso bemerkenswerter, als nämlich im Nahen Osten seit dem 9. Jahrtausend v. Chr. die Darstellung des menschlichen Körpers sich vervielfacht, und zwar zuerst und vorzugsweise in der weiblichen Form.

Das Werkzeug

Silex, Kalkstein, vulkanische Kiesel und Tierknochen (häufig von den Hinterläufen

Abb. 24. Anthropomorphe Figurine. Vulkangestein

Abb. 25. Anthropomorphe Figurine. Vulkangestein

Abb. 26. Anthropomorphe Figurine. Vulkangestein

der Damhirsche) sind die hauptsächlichen Rohstoffe, die die Bewohner von Khirokitia zur Herstellung ihrer Werkzeuge benutzten. Die plastischen Qualitäten des Tons –wiewohl bekannt und angewendet im Bauen– wurde zur Fabrikation von Gefässen nicht genutzt; wenige Versuche wurden in dieser Richtung zwar unternommen, aber sie blieben ohne Folgen.

Zu dem aus Silex geschlagenen Werkzeug (Abb. 27) gehören durch den Glanz, den dessen Kante aufweist, charakterisierte Artefakten: nämlich Abschläge mit unbearbeitetem Rücken, kurze, unmodifizierte Klingen oder Klingen mit gerader oder konvexer rückengestumpfter Kante. Die Mikroskopuntersuchungen der Gebrauchsspuren zeigen, dass diese Geräte für verschiedene Arbeiten der Gewinnung und Verarbeitung von Rohstoffen dienten, wie beispielsweise zur Getreideernte, aber auch zum Schneiden von Zweigen für die Dächer oder zur Bereitung der Streu, zum Schälen der Baumrinde und zum Sägen des Holzes oder zum Schaben der frischen Tierhäute.

Zum Werkzeug gehören auch Stücke mit Kerben oder Zähnungen, Stichel in geringer Zahl, einige wenige Schaber (blosse Splitter oder aber bearbeitete Klingen) und selten auch Bohrer. Eigenartigerweise fehlen Pfeilspitzen, obschon doch die Jagd eigentlich bezeugt ist. Dieser Umstand, aber auch das Fehlen einer Retuschiertechnik, überhaupt der etwas bescheidene und karge Charakter der Silexindustrie, unterscheidet diese von den zeitgleichen Steinindustrie der benachbarten Regionen.

Die Werkzeuge aus Knochen, verhältnismässig zahlreich, aber nicht sehr vielfältig, umfassen vor allem Geräte zur Rohstoffverarbeitung. Es sind dies einerseits zum Anbringen kleiner Löcher dienende zugespitzte Objekte (Abb. 28), von denen einzelne in Griffe aus Darmhirschhorn eingesetzt gewesen waren. Andererseits handelt es sich aber auch um kleine Nähnadeln (Abb. 29) oder schliesslich um grössere, nadelähnliche

Abb. 27.   *Werkzeug aus Stein (Silex)*

Abb. 28.   *Werkzeug aus Knochen*

Geräte mit Ösen, wie sie zum Herstellen von Körben, also zum Zusammennähen von Geflechten aus Pflanzenfasern oder Schnüren, dienten. Ebenso konnten Netze entstehen oder einfach nur gewebte Matten. Das Beispiel eines Gewebes zeigt Abbildung 30. Demgegenüber fehlen Knochenwerkzeuge zum Bearbeiten von Fellen und Häuten, wie etwa Schaber.

Stein wurde verwendet zur Herstellung von Mühlsteinen, Reiben und Stampfen sowie von Behältern, oder aber für Schmuck. Schwere Werkzeuge, etwa Hacken oder Beile, entstanden durch das Behauen und Polieren grösserer Kiesel.

Die Vielfalt der Mahlgeräte besteht aus flachen oder eingetieften Lager- und Läufersteinen, aus Stampfkolben und einigen wenigen Mörsern. Flache Kiesel mit roten Verfärbungen wurden möglicherweise als Platten verwendet.

Behältnisse aus vergänglichem Material (Hölzer, Gewebe, Häute) sind keine erhalten geblieben, aber ihr Gebrauch steht ausser Zweifel. Solche aus Stein hingegen sind zahlreich; ihre unterschiedlichen Formen lassen sich in die zwei Gruppen gröberer und feinerer Objekte einteilen. Zur gröberen Ware

Abb. 29.   Nadeln aus Knochen

Abb. 30.   Versteinertes Gewebefragment

gehören u.a. Platten sowie Wannen, die aus Tafeln oder Blöcken von Konglomeratgestein oder hartem Kalk entstanden sind. Die feinere Ware umfasst zum einen Schüsseln und Becken, die aus weichem Kalk geschnitten worden waren, zum andern Behälter aus hartem Vulkangestein, welche für das cyprische präkeramische Neolithikum sehr typisch sind (Abb. 31). Mehrere liegengelassene Rohlinge in verschiedenen Verarbeitungszuständen geben Auskunft über die Art und Weise des Herstellungsverfahrens: In die Mitte der Oberfläche des zu bearbeitenden Kiesels wurde eine ringförmige Vertiefung gemeisselt und die so isolierte innenliegende Fläche hernach weggeschlagen. Es folgte eine neuerliche Einkerbung und das Abschlagen des stehengebliebenen Materials. Dieser Vorgang wurde solange wiederholt, bis die gewünschte Tiefe erreicht war. Zuletzt wurde die rohe Form verfeinert, die Flächen wurden glattgeschliffen. Auf diese Weise entstanden Platten, Schalen, Schüsseln, Becken und Schöpfer. Schüsseln und Becken können einen Ausguss, einen waag- oder senkrechten Henkel oder auch einen Griff aufweisen – funktionale Bereicherungen, die bezeugen, wie sicher man die Verarbeitung des Steins

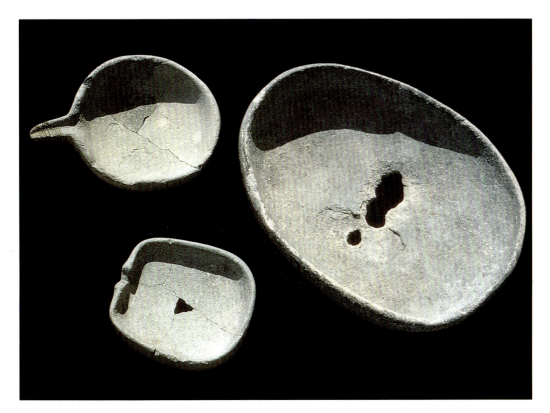

Abb. 31. Schalen aus vulkanischem Gestein

beherrschte. Dies zeigen übrigens auch die Verzierungen, die einzelne Gefässe dekorieren. Mit Ausnahme der weiter oben erwähnten menschlichen Figur auf einer kleinen Schale sind die Verzierungen rein geometrisch. Oft sind es eingeritzte senkrechte oder schräge Linien oder Winkel; in der Regel aber ist der Dekor plastisch und gleicht einfachen oder verschlungenen Leisten, die einzeln oder paarweise waagrecht, senkrecht sowie schräg sein oder aber verschlungen oder im Zick-Zack verlaufen können. Das in Abb. 32 gezeigte Becken, das im Cypern-Museum in Nicosia zu sehen ist, illustriert auf eindrückliche Weise das technische Können und das sichere ästhetische Empfinden der Handwerker.

Gestein verschiedener Herkunft wurde zur Herstellung von Schmuck –Gehänge und Perlenketten (Abb. 33)– verwendet ebenso wie Karneol, welches in Cypern allerdings nicht vorkommt, oder Picrolith, der im Kouris-Fluss westlich von Limassol in grosser Menge als kleine kugelige Kiesel zu finden ist. In dieser Form musste der Picrolith nach

Abb. 32.   Becken aus vulkanischem Gestein

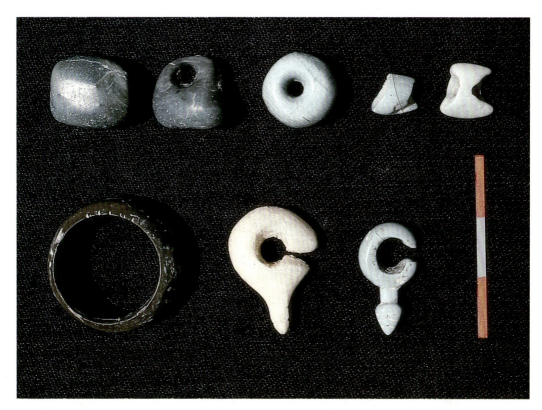

Abb. 33. Schmuck aus Stein

Khirokitia gelangt und dann bearbeitet worden sein; in einem Gebäude wurde ein verstecktes Depot von zwanzig solcher rohen Kiesel gefunden. Es ist demnach anzunehmen, dass ein Versorgungssystem existierte, das die ganze Insel abdeckte, wissen wir doch von Objekten aus Picrolith, die im kleinen Fischerdorf Kap Andreas-Kastros nebst andern Gegenständen gefunden worden waren. Aus Picrolith wurden auch jene offenen Reife gefertigt, deren eines Ende, (manchmal auch beide) die Form eines Fragezeichens hat. Die genaue Verwendung dieser Reife ist allerdings nicht bekannt. Ebenso rätselhaft sind die Basaltbrocken (Abb. 34), deren eine oder auch zwei glatten Flächen ein Netz von eingravierten Linien bedeckt, oder die konischen Steine (Abb. 35), deren untere Flächen wiederum Netzlinien aufweisen, während die Seiten mit eingeritzten Winkelmotiven dekoriert sind (gelegentlich weisen die Steine eine umlaufende, taillenhafte Verengung auf). Basaltbrocken mit Gitterlinien gibt es auf der Insel nebst Khirokitia nur noch in Kholetria-Ortos im Westen.

Abb. 34-35. Kiesel mit gravierten Linien

Die Wirtschaft

Ackerbau (Abb. 36), Viehzucht und Jagd versorgten die Bevölkerung mit den notwendigen Lebensmitteln. Da Khirokitia nicht direkt am Meer liegt, sind die Abfälle von Nahrungsmitteln aus dem Meer entsprechend gering, Überreste von Fischen auf dem Areal spärlich. Gefischt wurden Riesenbarsch, Goldbrasse, Barbe und Meeräsche. Die Fische gelangten nur in einer ganz bestimmten Grösse ins Dorf –kleine Fische liessen sich im Fundmaterial nicht nachweisen–, und zwar frisch und ganz, um dann verspeist zu werden. Zieht man die Grösse der gegessenen Fische in Betracht, so wird die Ausrüstung der Fischer dementsprechend gut gewesen sein: wir denken an starke, gut gestrickte Netze und an mit robusten Haken versehene einfache Angelruten.

Ackerbau war im Fall von Khirokitia die Produktion von Getreide. Dies geht aus den Analysen der zahlreichen verkohlten Getreidekörner hervor, welche die Archäologen durch Aufschwemmen der Erde sammeln konnten (Abb. 37). Angebaut wurden Einkornweizen *(triticum monococcum)* und Emmer *(triticum*

Abb. 36. Umgebung der Siedlung im Vorsommer

Abb. 37. Verkohlte Getreidekörner

Abb. 38. Abdruck einer Gerstenähre auf einem ungebrannten Lehmziegel

dicoccum), sowie in kleinerer Menge Gerste *(hordeum* sp.*)* (Abb. 38). In der Nähe des neolithischen Dorfes, besonders im Westen und südlich davon, befindet sich kultivierbares Gelände; es bedeckt etwa 60% eines Gebietes, das man in 45 Minuten zu Fuss durchquert (Abb. 39). P. Dikaios erwähnt, dass zur Zeit, als Khirokitia entdeckt wurde, die Abhänge des Hügels selbst kultiviert gewesen seien. Die Ernte erfolgte mit Hilfe kleiner Sicheln mit Klingen aus Silex. Der Kontakt mit dem in den Getreidehalmen enthaltenen Silicium bewirkte auf den Kanten dieser Klingen einen charakteristichen Glanz; so konnten sie als Sichelklingen identifiziert werden. Fixiert waren sie mit einem natürlichen Klebstoff, von welchem stellenweise noch Reste erhalten sind, in Stielen aus vergänglichem Material wie Holz oder Knochen. Gewöhnlich mahlte man das Getreide in Mühlen, die im Innenhof des Hauses aufgestellt waren. Nebst den oben genannten Getreiden erntete man auch Hülsenfrüchte, etwa Linsen *(lens culinaris).*

Zu allen diesen bewusst kultivierten Produkten kamen diejenigen, die die wilden Bäume lieferten. Dazu gehören namentlich die Früchte des Pistazienbaumes, des Feigen- und Olivenbaumes sowie des Pflaumenbaumes.

In Khirokitia gehören über 95% aller Tierreste zu den vier grossen Säugetierarten: Damhirsch, Schaf, Ziege und Schwein.

Den Damhirsch jagte man mit einer bislang noch nicht näher bestimmten Technik. Da aber im Fundmaterial aus Stein Pfeilspitzen fehlten, muss man annehmen, die benutzten Jagdwaffen seien ziemlich einfach gewesen: etwa mit Stielen versehene Silexsplitter, Spiesse aus Holz mit im Feuer gehärteten Spitzen oder aber Fallen.

Die Schafe, Ziegen und Schweine wurden ausserhalb des Dorfes gehalten. In seinem Innern fanden sich nämlich keinerlei Hinweise auf Pferche für diese Tiere und zudem waren die verschiedenen Zugänge zum Dorf auch zu schmal und zu eng, als dass sie für deren Zirkulation geeignet gewesen wären. Es scheint, dass sich die Haltung der Tiere im Laufe der Zeit verbessert hat, denn man stellt fest dass sich die Schafe und Ziegen gegenüber den Schweinen und Damhirschen nach und nach durchgesetzt haben.

Cypern und das Festland

Khirokitia, wie übrigens auch alle andern präkeramischen Siedlungen auf der Insel, wurde unvermittelt aufgegeben und Cypern blieb offensichtlich während einer recht langen Zeit ohne jedes menschliche Leben, bevor sich eine neue Kultur zu entfalten begann, das keramische Neolithikum. Über die Art und den Grund dieser plötzlichen Aufgabe der Siedlungen geben uns die verfügbaren Informationen keine Auskunft. Die Pollenanalysen deuten nicht auf etwaige klimatische Veränderungen hin, welche die ökologische Situation der Insel gestört und damit eine dramatische Verringerung der Nahrungsmittelressourcen ausgelöst hätten. Auch gibt es keine Hinweise auf Naturkatastrophen, Epidemien oder gewaltsame Zerstörungen. Und was mögliche Veränderungen im sozioökonomischen Bereich betrifft, so sind wir nicht in der Lage, diese zu erkennen.

Die gleiche Ungewissheit über das Ende des präkeramischen Neolithikums begegnet uns an dessen Anfang. In der Tat wurde nirgends auf der Insel etwas gefunden, was dem plötzlichen Auftreten einer bereits fest gefügt scheinenden Zivilisation vorausgegangen wäre, die sich in verschiedenen Belangen von den andern bekannten Kulturen auf dem Festland unterscheidet. Ein Bündel von Indizien existiert dennoch, das uns eine Beziehung von Cypern zum Festland aufzeigt und uns vermuten lässt, die Besiedlung der Insel sei das Resultat einer Kolonisierung, welche natürlich die Überquerung eines Meeresarmes voraussetzt. Aber man weiss ja, dass die Menschen im östlichen Mittelmeer seit dem späten Palaiolithikum die Kunst der Schifffahrt kannten. Da ist zunächst einmal das Vorhandensein von auf Cypern nicht vorkommenden und folglich importierten Rohstoffen: Karneol und Obsidian. Da ist aber auch eine Fauna mit für die Insel neuen Tierarten: Damhirsch, Schaf, Ziege, Schwein, ebenso Katze, Hund und Fuchs, die an Stelle etwa von Zwergflusspferden und -elephanten getreten sind, die im Pleistozän das Land bewohnten. Damhirsche und Schweine wären wohl theoretisch in der Lage, den Meeresarm zu durchschwimmen, der die Insel vom Festland trennt. Weniger wahrscheinlich wäre dies allerdings für die Schafe und Ziegen, ganz zu schweigen von den Katzen. Auch die Palette der Getreide- und Hülsenfruchtarten, die in den cyprischen Siedlungen nachgewiesen werden, geben Anlass zur Annahme, dass sie eingeführt worden seien. Und selbst wenn einzelne dieser Pflanzen in Cypern bereits wild existierten, so sind es doch ihre kultivierten Formen, die in den neolithischen Dörfern gefunden wurden. Das heisst also, dass wenn nicht die Pflanzen selbst in ihrer domestizierten Form, so doch die Kenntnisse und Erfahrungen im "Züchten" eingeführt worden sind. Schliesslich sind es auch das Dekorieren von Wänden mit Malereien, die Fähigkeit, Stein zu polieren und Gewebe herzustellen, die Cypern in einen grösseren kulturellen Zusammenhang stellen.

Wenn nun alle diese Hinweise für eine Kolonisierung der Insel sprechen, so genügen sie dennoch nicht, um auch zu erkennen, woher die Kolonisatoren gekommen sein könnten, oder sie geben höchstens ungenaue Auskunft auf diese Frage. Unter der Annahme, dass das Verbreitungsgebiet der *dama mesopotamica,* einer Unterart, zu der nach den morphologischen Eigenheiten der cyprische Damhirsch gehört, im Laufe der Zeit keine wesentlichen Veränderungen erfahren hat, deutet vieles darauf hin, dass die cyprischen Tiere aus der Levante auf die Insel gebracht wurden. Demnach bedeutet die Einbindung Cyperns in einen grösseren Zusammenhang nichts weniger, als dass die Besiedlung dieses neuen Gebietes eines der Kapitel –das präkeramische Neolithikum erscheint in Cypern um die Wende vom 8. zum 7. Jahrtausend v. Chr.– in der allgemeinen Ausbreitung neolithischer Kulturen im Ganzen darstellt. Zum selben als "Neolithische Wanderung" bezeichneten Phänomen gehören Entwicklungen auf dem Festland: die Besiedlung der Küstenregionen im gemässigten Klima oder die Wiederbesiedlung der verödeten Euphratufer und der Oasen im Innern von Syrien, Jordanien und der Sinai-Halbinsel.

Abb. 39. Der Hügel des neolithischen Dorfes im Frühjahr

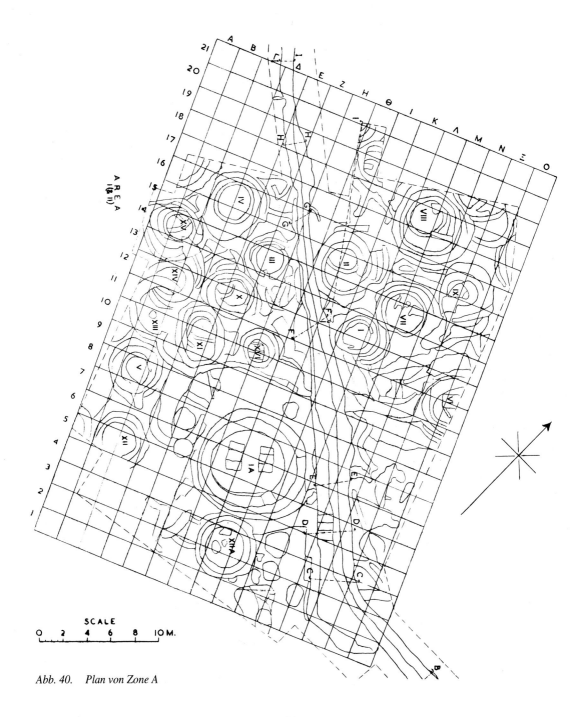

Abb. 40.   Plan von Zone A

BESICHTIGUNG DER SIEDLUNG

Gleich hinter dem Kassa-Häuschen begegnet dem Besucher die Rekonstruktion eines Teils der Umfassungsmauer mit einem Zugang zum Dorf, wie sie die Archäologen bei den Grabungen in Zone D freigelegt haben. Die Ausgrabungen lieferten auch alle wichtigen Angaben, welche der Rekonstruktion von Gebäuden zu Grunde gelegt wurden, insbesondere für die Gebäudegrösse, für Lage und Format der Maueröffnungen, für die Form und den Aufbau des Daches sowie für die innere Organisation der Bauten. Die Analyse der im Grabungsgelände gefundenen Holzkohlereste schliesslich war ausschlaggebend für die Wahl der Bäume, die neben der Dorfrekonstruktion gepflanzt wurden.

Von hier aus führt eine Rampe die Besucher ins Ausgrabungsgelände. Vor dem Beginn des Rundgangs sollte sich der Besucher vergegenwärtigen dass das Bild, das sich ihm auf dem Grabungsgelände bietet, nicht der einstigen Realität entspricht. Die gegenwärtige Aufteilung des Gebietes in die Zonen A, B, C und D ist willkürlich und hängt einzig mit der Lage der verschiedenen archäologischen Untersuchungsabschnitte zusammen, ist also nicht archäologischer Befund. Des weiteren überlagern sich die Reste mehrerer Dörfer, und was einst zu einer bestimmten Zeit bewohnt oder eben gerade verlassen war, erscheint jetzt zur gleichen Phase gehörig.

An die Stelle des heutigen Landschaftsaspektes muss der Besucher von Khirokitia einen anderen setzen: Er wird die Strassen wegdenken müssen so wie auch die verschiedenen Einrichtungen am Hügel, und den Hang stattdessen bis zum Flussbett hin verlängern. Die Terrassen mit den Trockenmauern muss er ebenso vernachlässigen und auf der Höhe des Hügels hätte er sich einen Sattel zu denken, der klarer als heute den felsigen Vorsprung vom Rest des Geländes trennt.

Besonders müsste sich der Besucher stets daran erinnern, dass anfänglich lediglich die Ostseite des Plateaus bewohnt gewesen war, dass man die sich ablösenden Besiedlungen nach aussen durch eine Mauer abgeschirmt hatte und dass sich die Siedlung erst im Laufe der Zeit westwärts weiterentwickelt hat.

Zone A

Zuerst folgen wir der grossen Mauer zu unserer Rechten; die Treppe, die zu Zone A (Abb. 40) führt, kann bis zum Gipfel des Hügels erklommen werden. Das einfache Äussere der auf einer Länge von 185 m nachgewiesenen Mauer wurde, nachdem sie gegen Westen überschritten worden war, an einigen Stellen umgebaut durch Zufügungen, die schwierig zu interpretieren sind. So etwa die Verbreiterungen mit den tiefen Nischen nahe von Gebäude IA in Zone A oder auf der Höhe des Gebäudes XXV in Zone C.

Von den Bauten, die der Besucher am Anfang von Sektor A sieht, ist *Gebäude IA* das bemerkenswerteste, eines der grössten – sein äusserer Durchmesser erreicht 8 m– und eines der am besten erhaltenen, die in Khirokitia freigelegt wurden (Abb. 41). Seine eindrückliche Erscheinung wird zusätzlich unterstrichen durch die beiden massiven Steinpfeiler, die möglicherweise einen Hängeboden gestützt haben. Sie stehen im Abstand von 1,30 m zu einander und weisen oben Vertiefungen auf. Die Untersuchungen des Gebäudes belegen fünf jeweils den früheren Gehhorizont ablösende Böden. Im Laufe der Zeit wurde seine unmittelbare Umgebung umgestaltet: im Norden schuf eine Stützmauer einen korridorartigen Raum mit Einrichtungen für häusliche Verrichtungen und im Süden kam ein Anbau hinzu, das kleine *Gebäude XIIA*.

Die Treppe überwindet den Abhang entlang der westlichen Begrenzung von Zone A von einer kleinen Plattform aus.

Zunächst sind die Reste von *Gebäude XII* zu sehen, von dem allerdings nur die Hälfte ausgegraben wurde. Im Grabungsprofil sind links und rechts deutlich luftgetrocknete Lehmziegel zu erkennen, grosse ockerfarbene Quader, die markiert werden durch gräuliche

Abb. 41.   Gebäude IA, ausgegraben 1936

Fugen. Sie bilden die Innenseite der runden Gebäudemauer. An andern Stellen finden sich weissliche Lehmziegel mit ockerfarbenen Fugen.

Für den folgenden *Bau V* konnte eine bemerkenswert lange Benützungszeit nachgewiesen werden, die sich in drei Phasen unterteilen lässt. Die erste entspricht den Niveaus 9 und 8, die jedoch durch die teilweise eingestürzte Wand einschneidend gestört sind. Der Wiederaufbau der Mauer markiert den Beginn der zweiten Phase mit den Niveaus 7 bis 2. In dieser Zeit wurden drei Erwachsene und fünf Kinder im Gebäude bestattet. Wichtige Veränderungen werden keine vorgenommen, bis zu jenem Zeitpunkt, da mit der Errichtung eines inneren Steinringes die bewohnbare Fläche verringert wird; dies ist die dritte Phase mit Niveau 1.

Bevor man im Weitergehen zu *Bau XV* kommt, geht man an den Ruinen dreier weiterer Gebäude vorüber: die nicht ausgegrabenen Bauten *XIII* und *XIV* im Vordergrund sowie, weiter hinten, Bau X.

Bei *Bau X* müsste man korrekterweise eigentlich von mehreren Bauten sprechen, denn insgesamt überlagern sich hier vier Konstruktionen. Die älteste, X(IV), hat einen Innendurchmesser von 3 m. Ihr folgt X(III), grösser als diese, aber ihr gegenüber teilweise verschoben errichtet. Einer ihrer Böden (Boden 10) wies eine in Khirokitia häufig anzutreffende Einrichtung auf: eine trapezförmige Plattform, die auf einer Seite durch ein Trennmäuerchen gegen eine zweite, etwas kleinere und tieferliegende Plattform abgegrenzt ist, auf welcher eine Herdstelle eigerichtet ist. Die Lage von Bau X(II) nimmt fast genau diejenige von X(IV) wieder auf. Über zwei Stufen gelangte man ins tieferliegende Innere des Hauses. Einer der Böden weist eine ähnlich gestaltete Einrichtung auf, wie wir sie soeben beschrieben haben; die trapezförmige Plattform war in diesem Fall durch zwei Trennmäuerchen begrenzt. Der Bau X(I) schliesslich, gegenüber seinem Vorgängerbau wiederum leicht verschoben, wurde besonders in seinem südlichen Teil weggeschwemmt.

Auch beim *Bau XV* haben wir es mit drei übereinanderliegenden Strukturen zu tun. Von der ältesten, XV(III), wurde nur ein Teil ausgegraben und auch dieser ist heute nicht mehr zu sehen. Darüber liegt XV(II) mit den am besten erhaltenen Gebäuderesten. Die aussen aus Steinen, innen aus gestampfter Erde bestehende Mauer hat eine Dicke von 1,20 -1,30 m, was bei einem Innendurchmesser des Baues von lediglich etwa 2 m unverhältnismässig erscheint. Zwei Mal wurde das Haus umgebaut, wohl nach Beschädigungen infolge des Einsturzes der oberen Partien, und dabei wurden die neuen Mauern jeweils innen an die alten gesetzt, was eine Verringerung der Fläche im Gebäudeinnern bewirkte. In der Zeit, in der XV(II) bewohnt war, wurden sieben Erwachsene, ein fünfjähriges Kind und zehn Kinder bestattet, die nur sehr kurz gelebt haben dürften. Der jüngste Bau schliesslich, XV(I), wurde durch moderne Terrassierungen stark in Mitleidenschaft gezogen.

Später als XV(II) entstand das *Gebäude IV;* in ihm fand sich nur ein einziger Gehhorizont, in dessen Mitte eine Herdstelle eingerichtet worden war.

In unmittelbarer Nähe zur ersten Mauer des Dorfes erhebt sich *Gebäude III,* dessen verschiedene Umbauten auf vier Benutzungsphasen hinweisen. In der ersten Phase hatte das Haus mit den Niveaus 10 bis 6 einen Innendurchmesser von ca. 2,20 m. Sein Eingang liegt auf der Südostseite und über zwei Treppen mit vier bis fünf Stufen gelangte man ins Innere; die eine Treppe war direkt in die Gebäudemauer eingefügt, die andere an deren Aussenseite gebaut worden. Eine Maueröffnung von 45 cm Höhe und 41 cm Breite dürfte als Fenster gedient haben. Auch zwei Nischen waren in die Wand eingelassen. Von den einstigen Bewohnern wurden eine junge Frau, ein Mann mittleren Alters sowie ein neugeborenes Kind in ihren Gräbern gefunden.

Gegen Ende der ersten Benutzungsphase wurde die Mauer, wahrscheinlich um sie zu verstärken, innen mit Steinen und gestampfter Erde ergänzt. Dies hatte eine beträchtliche Verkleinerung der Wohnfläche (Böden 5 und 4) zur Folge und blockierte zudem die Türe. Wahrscheinlich auf der Ostseite wurde daher eine neue Türe ausgebrochen. Die Böden 3 bis 1 gehören zur dritten Phase; in ihr wurde eine neue Hausmauer errichtet, die allerdings nicht mehr genau dem inneren Verlauf der früheren Mauer folgt. Drei Bestattungen sind hier freigelegt worden: diejenige zweier Erwachsener und eines neugeborenen Kindes. Eine Verstärkung auch dieser neuen Mauer erfolgte schliesslich in der vierten und letzten Benutzungsphase.

Der Holzsteg führt nun über die Mauer des ersten Dorfes, die an dieser Stelle besonders dünn ist, und weiter zu einem runden Platz, von wo man eine gute Übersicht über Zone A und besonders ihren östlichen Teil sowie die moderne Rekonstruktion des neolitischen Dorfes im Hintergrund hat.

Im Vordergrund liegen zwei ineinander verschachtelte Bauten: *VIII(II),* die kleinere und ältere, sowie *VIII(I).*

Dahinter befindet sich *Gebäude VII*. Nur zum jüngsten der drei nachgewiesenen Böden dieses Hauses gehören zwei rechteckige Pfeiler; das deutet darauf hin, dass diese nicht als Stützen des Daches gedient haben dürften. Das Gebäude überlagert teilweise eine ältere Konstruktion, das Haus *I*, dessen Reste noch zu sehen sind.

Gebäude *VI* und *IX*, ebenfalls zu erkennen, wurden nur summarisch identifiziert, Gebäude *III* nicht vollständig ausgegraben.

Zone B

Steigt der Besucher weiter den Hügel hinan so geht er Zone B entlang (Abb. 42), und kommt zunächst zu *Haus XX.*

Es hat einen annähernd kreisförmigen Grundriss und gleicht mit seinen zwei Steinpfeilern dem Gebäude IA; hier wie dort hatten diese einen Hängeboden getragen. Offensichtlich wurde der Eingang zum Haus wiederholt verändert. Dennoch entspricht ihm nur ein einziger Boden. Dieser bedeckte übrigens die Bestattungen von vier Erwachsenen. Südlich ausserhalb des Gebäudes fand man verschiedene Einrichtungen für häusliche Arbeiten, darunter zwei Mühlen auf einer halbrunden Plattform, die heute jedoch nurmehr schwer zu erkennen sind. Zwei weitere

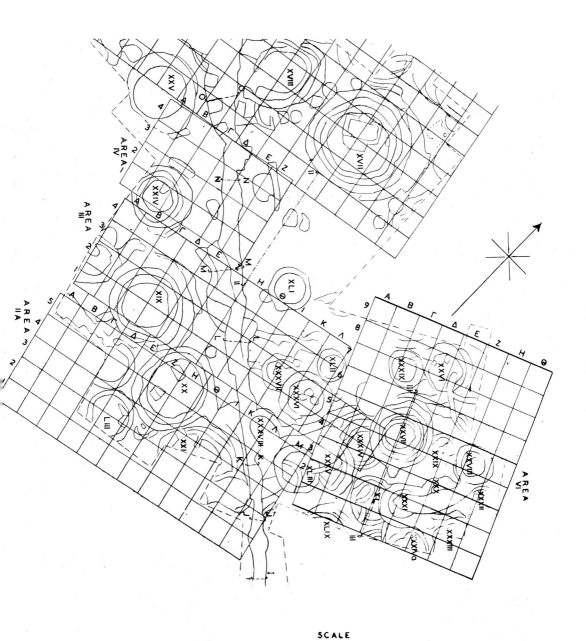

Abb. 42. Plan von Zone B

kleine, nicht ausgegrabene Gebäudestrukturen im Südwesten gehörten ebenfalls zum Gebäudekomplex XX.

Dem oben beschriebenen Bau benachbart ist *Haus XIX*, das ursprünglich direkt auf den gewachsenen Fels gebaut worden war – er ist hier auch noch sichtbar und gibt einen Eindruck der topografischen Situation vor 9000 Jahren. Nach einer Zerstörung wurde das Gebäude zeitgleich mit dem Komplex XX wieder aufgebaut. Unter den vier dazugehörigen Bodenniveaus wurden sieben Bestattungen freigelegt, alle von erwachsenen Personen. In einer dieser Bestattungen lag eine Frau mittleren Alters. Sie war auf die Fragmente zweier absichtlich zerbrochener Steingefässe gelegt worden; um den Hals trug sie eine Kette aus Karneol-Perlen und Muscheln (Abb. 43). In einem anderen Grab lag eine erwachsene Person, wahrscheinlich eine junge Frau, auf der rechten Körperseite; unter dem Kopf befanden sich fünf Knochengeräte.

In *Haus XXIV* gibt es nur einen einzigen markanten Befund: einen im Grundriss dreieckigen Pfeiler, der sich, einen Meter hoch, auf einer Seite gegen die Hausmauer lehnt.

Abb. 43.   *1938 ausgegrabene Bestattung in Gebäude XIX*

Von der Treppe aus, auf der sich der Besucher jetzt befindet, ist es schwierig, die komplexen Reste der weiter östlich auf der anderen Seite der Mauer liegenden Bauten zu unterscheiden, besonders diejenigen der Gebäude XXVII, XXVIII und XXIX. Sie sind alle auf denselben offenen Raum oder Hof hin orientiert, der seinerseits von einer Mauer abgeschlossen ist, und bilden so eine kompakte Anlage. Jeder Teil des Komplexes hatte, so scheint es, eine ganz bestimmte Funktion.

Kern der Gruppe, der dem Wohnen diente, scheint *Gebäude XXVII* gewesen zu sein. In seinem Innern war ein Erwachsener bestattet. Zwei Trennmauern unterteilten die bewohnbare Fläche in Bereiche mit unterschiedlicher Nutzung.

Die Mahlzeiten wurden im zweiten Element des Komplexes, in Bau *XXVIII* zubereitet, befindet sich doch in seiner Mitte eine Herdstelle.

Diese beiden Zellen werden untereinander verbunden durch eine Mauer, die einen Halbkreis beschreibt; die so begrenzte Fläche ist

Abb. 44. Installation zum Mahlen von Getreide in Gebäude XXIX, ausgegraben 1939

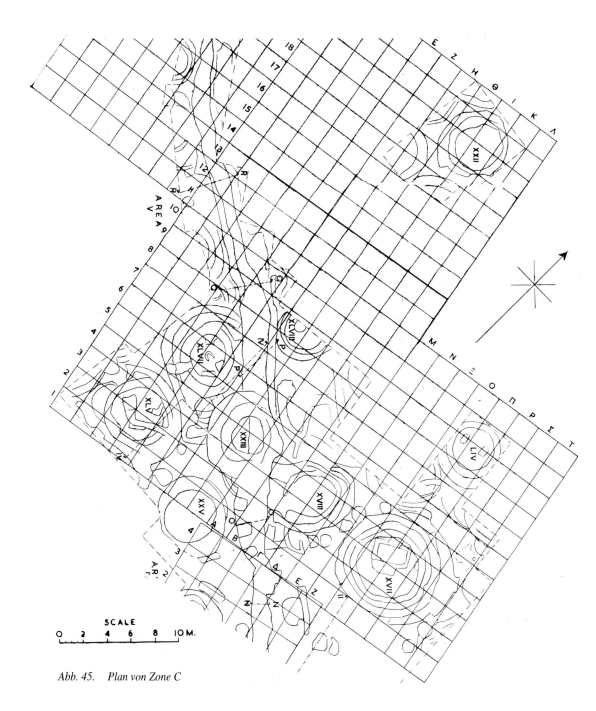

Abb. 45. Plan von Zone C

Bau *XXIX,* der sich grosszügig auf den Hof öffnet und zum Mahlen des Getreides diente. Tatsächlich befand sich in ihm ein liegender Mühlstein auf einer 50 cm hohen Plattform (Abb. 44). Das Mehl wurde auf einer Steinplatte am Fuss dieser Plattform aufgefangen. Ein runder Plattenbelag vervollständigte die ganze Installation.

Zone C

Gebäude XXV, die erste Struktur, der man in Zone C begegnet (Abb. 45), hat nichts Bemerkenswertes aufzuweisen. Was wie Nischen oder Öffnungen aussieht, sind moderne Veränderungen der Mauer: Der cyprische Antikendienst liess gegen die innere Schale der Mauer, welche aus Lehmziegeln besteht, eine weitere Schale aus Steinen setzen, um die Lehmziegel zu schützen. In dieser Steinsetzung wurden Öffnungen ausgespart, die den Blick auf die originale Mauer freigeben.

Auf der Höhe von Gebäude XXV wurde gegen die Westseite der grossen Nord-Süd-Mauer ein Anbau mit drei Nischen von unbestimmter Zweckbestimmung gesetzt; ähnlich war man vorgegangen bei Gebäude IA in

Abb. 46. Gebäude XVII, während der Ausgrabung 1938

Zone A. Jenseits der grossen Mauer sind die Überreste von Gebäude XVII und XVIII zu sehen.

Mit einem äusseren Durchmesser von 10 m und einem inneren von 5 m ist *Gebäude XVII* eines der grössten, die in Khirokitia ausgegraben worden sind (Abb. 46). Zwar ist seine Grösse ähnlich die des Gebäudes IA, dagegen fehlen hier die Pfeiler im Innern. Dafür wurde zu einer bestimmten Zeit eine rechteckige Plattform von 3,20 x 1,60 m eingerichtet mit einem leicht erhöhten Rand auf drei Seiten, an die eine kleinere Plattform von 1,60 x 1,00 m anschliesst. Zwei der drei freigelegten Bestattungen fallen durch die Grabbeigaben auf. In der einen, deren Grund mit den Fragmenten dreier absichtlich zerbrochener Steingefässe ausgelegt war, trug die bestattete erwachsene Person eine Kette mit einundzwanzig Karneol-Perlen und Muscheln um den Hals. In einem zweiten Grab, das ein etwa achtjähriges Kind enthielt, lag das sehr schöne Becken aus Vulkangestein (Abb. 32).

Gebäude XVIII liegt zwischen Gebäude XVII und der grossen Mauer. Keiner der beiden Böden in diesem Haus weist einen besonderen Befund auf. Bestattet war eine junge Frau, die eine Halskette aus Muscheln, Karneol- und Picrolithperlen trug. Hinter ihrem Kopf waren zwei Steinvasen deponiert, deren eine ganz, die andere aber in mehrere Fragmente zerbrochen war (Abb. 47).

Der weitere Aufstieg führt den Besucher zu *Gebäude XLV*, dessen Mauer aus drei konzentrischen Steinringen eine gesamte Dicke von 2,10 m aufweisen. Die hier eingebauten beiden Pfeiler sind anders angeordnet, als in den übrigen Fällen: einer davon lehnt sich gegen die Innenseite der Hausmauer. Sieben Bestattungen wurden gefunden; alle waren Gräber von Erwachsenen. Einer unter ihnen, ein Mann, hielt in seiner rechten Hand zehn Knochenwerkzeuge.

Der benachbarte Bau XLVII ist das am häufigsten angeführte Beispiel für die Theorie der kuppelförmigen Dächer. P. Dikaios postulierte eine Kuppel aus Stein und gestampfter Erde mit einer Gesamthöhe von 3.70 m bei einem Durchmesser von 3 m. Er stützt sich dazu auf die Neigung nach innen, die ein Teil der Hausmauer aufweist. Es ist nicht zu leugnen, dass ein Teil der Mauer deutlich geneigt ist, aber es gibt dennoch keinen Grund zu behaupten, es handle sich um den Ansatz einer Kuppel und nicht einfach um einen Abschnitt der Mauer, der sich geneigt habe. Von der häufigsten Konstruktionsweise einer Kuppel, der Abtreppung, bei welcher die Bauelemente horizontal verlegt sind, ohne dass dadurch Druck nach der Seite entstünde, ist hier allerdings nichts zu sehen: Es ist die Mauer selbst, die nach innen gekippt zu sein scheint. Zudem sieht man, nach Norden blickend, eine Mauer aus Lehmziegeln, deren Bettungen nicht horizontal sind, wie dies doch eigentlich zu erwarten wäre. Die Neigung nach Süden ist dieselbe wie bei den oben beschriebenen Resten von Gebäude XLVII. Man darf auch nicht vergessen, dass Khirokitia an einem Abhang gebaut ist, wie das Innere von Gebäude XIX deutlich macht. Der Druck der Erdmassen ist daher nicht unbeträchtlich und könnte sehr gut Grund sein für die Verformung von Mauern; dies ist besonders bergseits spürbar, wo die Kraft am stärksten wirkt. Auch talseitig stehen die Mauern, wenn sie nicht durch die Erosion unter- oder weggespült worden sind, schief. Schliesslich genügt auch eine noch so eindrückliche Neigung eines Mauerteils in Bau XLVII nach innen nicht als Argument zur Rechtfertigung kuppelförmiger Dächer.

Gebäude XLVII, in dem acht Böden nachgewiesen werden konnten, war während beträchtlich langer Zeit bewohnt und dabei mehrere Male umgebaut worden. Auch sein gegenwärtiger Zustand täuscht: Die aus Steinen und Lehmziegeln gefügte und auf einem Steinfundament ruhende Mauer war im Südwesten unterbrochen durch eine Türe, deren Schwelle und untere Partien der Leibungen mit Gipsplatten verkleidet gewesen waren. Von aussen wie von innen führte eine Treppe zum Eingang.

Das schon durch seine Ausstattungen beachtenswerte Gebäude ist auch wegen seiner in Anzahl und Charakter auffallenden Bestattungen wichtig: Von den 29 Toten waren 24 neugeborene Kinder.

Gebäude XXIII, teilweise auf die erste Dorfumfassungsmauer gesetzt, illustriert den

Abb. 47. Bestattung in Gebäude XVIII, ausgegraben 1938

Abb. 48. Plan von Zone D

Zeitpunkt, da sich das Dorf über seinen ursprünglichen Rahmen hinaus nach Westen auszudehnen beginnt. Diese Expansion auf bis dahin nicht überbautes Areal wird begleitet von der Konstruktion einer neuen Umfassungsmauer, von der in Zone D Reste zu sehen sind.

Zone D

Die eindrücklichsten Baureste in diesem noch nicht abgeschlossenen Grabungsabschnitt (Abb. 3 und 48) sind nicht diejenigen dieser neuen grossen Mauer (so mächtig sie auch sind), sondern jene eines Tores zum Dorf oder vielmehr einer komplexen Toranlage –sie ist am Fusse des Hügels rekonstruiert–, wie sie für Cypern und den Nahen Osten einmalig sind (Abb. 49). Sie zeigen erneut, wie ausserordentlich gut die Bewohner von Khirokitia das Bauhandwerk beherrschen. Es handelt sich also um ein umfangreiches Dispositiv, dessen Elemente der

Abb. 49. Einer der Zugänge zum neolithischen Dorf

Abb. 50. Blick in den Ostteil von Zone D während der Ausgrabungen. Im Vordergrund das Gebäude S. 125, hinten links Gebäude S. 122, hinten rechts Gebäude S. 117

Besucher im Vordergrund sieht. Sie dienten zwei Zwecken: Einerseits hatten sie den beträchtlichen Niveauunterschied von 2 m zwischen dem höher liegenden Dorfgelände und dem tieferen Bereich ausserhalb der Mauer zu überbrücken, und andererseits mussten sie der Kontrolle des Zugangs zum Dorf dienen. Hauptelement ist eine gegen die Aussenseite der grossen Mauer gesetzte, aussen sorgfältig verputzte Steinmasse. In diese hinein wurde eine s-förmige Treppe gebaut, deren drei Läufe rechtwinklig zu einander stehen. Der Zugang zur Treppe war aussen zusätzlich geschützt, und zwar mit einer Steinkonstruktion, die sich an eine kleine Felsunebenheit anlehnt.

Wer dieses erste Hindernis überwunden hatte, musste zweimal die Richtungsänderung der Treppe mitmachen, bevor er sich zuoberst auf der grossen Mauer befand. Nach rechts gewendet, bewegte er sich zunächst einige Meter auf ihr, bevor er an-

Abb. 51. Gebäude S. 117

schliessend, wohl über einige Treppenstufen, die leider bei den Ausgrabungen nicht nachgewiesen werden konnten, ins Innere des Dorfes gelangte.

Im Hintergrund, zwischen dem von der Erosion entblössten und frei von Architekturresten liegenden Gipfel des Hügels und der Mauer, welcher der Besucher von Zone A her entlang ging, erstrecken sich die Überreste der ersten Siedlungen (Abb. 50).

Zu den bemerkenswertesten Bauten in diesem Gebiet gehört Gebäude *S. 122* (Abb. 15). Es wurde kurz nach der Gründung des Ortes erbaut und blieb ohne Unterbruch während langer Zeit bewohnt. Die innenseite der Mauer sowie auch die Oberfläche des ungefähr in der Gebäudemitte stehenden etwas unförmigen Pfeilers, weisen einen gemalten Dekor auf (Abb. 13). Hier fand sich auch jene Bestattung, deren rituelle Zeremonie wir weiter oben beschrieben haben.

Bau *S. 117*, welcher Gebäude S. 122 gegenüberliegt, weist ebenfalls zwei massive Pfeiler auf, die einst durch eine Plattform miteinander verbunden gewesen sein werden (Abb. 51).

Bau *S. 125* schliesslich, der S. 122 benachbart ist und ihm einst auch funktionell zugeordnet gewesen war, sollte ebenfalls nicht übersehen werden: Er weist ein seltenes Beispiel von Fenstern auf (Abb. 10 und 50), die regelmässig angeordnet sind. Diese beiden Bauten, S. 117 und S. 125, wurden am Fuss des Hügels getreu dem archäologischen Befund rekonstruiert.

BESUCHERZENTRUM UND ARCHÄOLOGISCHER PARK

Im Jahrzehnt von 1980 bis 1990 stiegen die Besucherzahlen der Baudenkmäler und archäologischen Stätten ausgesprochen stark an. Der Schutz vor den damit verbundenen negativen Auswirkungen ist eine dringend zu lösende Aufgabe geworden.

Besucher, so willkommen sie auch immer sind, beschleunigen unweigerlich den Zerfall der ausgegrabenen Altertümer ebenso wie sie deren natürliche Umgebung zu gefährden drohen.

Im Bestreben um den Schutz des archäologischen Reichtums der Insel wie auch gleichzeitig die Verbesserung der Betreuung der Besucher, hat der staatliche cyprische Antikendienst die Planung von archäologischen Parks in Angriff genommen. Im Falle von Kato Paphos, Kourion und Kouklia wurden ausländische Spezialisten mit der Aufgabe betraut. In Khirokitia hat der staatliche Antikendienst selber Planung und Ausführung des Projektes geleistet.

Leitmotiv des Projektes ist es, die neolithische Siedlung als Ganzes möglichst authentisch zu erhalten, das natürliche und das menschliche Umfeld zu schützen sowie mittels eines Zentrums für die Besucher die Information zu verbessern.

Besucherzentren sollen vermitteln zwischen den archäologischen Zeugen und den heutigen Besuchern, denen es oftmals nicht leicht fällt, das zu verstehen, was sie sehen.

Für Khirokitia wurde entschieden, statt ein modernes Informationszentrum zu bauen, fünf neolithische Bauten sowie einen Abschnitt der Umfassungsmauer mit einem Zugang zum Dorf getreu dem archäologischen Befund zu rekonstruieren. Alle nötigen Angaben über zu verwendende Materialien sowie Pläne und Masse der Gebäude lieferte die französische archäologische Mission, welche die Siedlung erforscht.

Die verwendeten traditionellen Materialien wie an der Sonne getrocknete Lehmziegel, gestampfte Erde, Kalksteinblöcke und Flusskiesel stammen alle aus der Umgebung des Siedlungsplatzes und aus dem Bett des Flusses Maroni, der am Dorf vorbeifliesst.

Die Rekonstruktion als Ganzes ist eine der wenigen bisher auf diesem Gebiet in Cypern gemachten Erfahrungen. Während der Arbeiten an den Rekonstruktionen mussten zwischen Architekten, Handwerkern und Archäologen zahlreiche Fragen diskutiert und Probleme gelöst werden. Dies geschah immer in jener Weise, die denjenigen am nähesten zu kommen schien, welche auch die Menschen in vorgeschichtlicher Zeit gewählt haben dürften.

Die Dächer wurden unter Berücksichtigung der von den Archäologen gemachten Feststellungen –sie wurden weiter oben ausführlich besprochen– ausgeführt. Massgebend waren dabei Balkenabdrücke in Erdbrocken eines eingefallenen Daches, welche wertvolle Hinweise über Material und Gestalt der Bedachung lieferten.

Im Innern der Häuser sind neolithische Gegenstände und Kopien so angeordnet, dass sie einen Eindruck des täglichen Lebens vermitteln. Die Bewohner ernährten sich hauptsächlich von Produkten und Früchten aus der Landwirtschaft. Deshalb werden in unmittelbarer Nähe der Gebäude jene Pflanzen angebaut, die auch einst hier gepflegt worden waren.

Ebenso wird im Innern der Bauten der Totenkult illustriert. Und nützliche Einrichtungen wie Herdstellen oder Plattformen als Ruhe- oder Arbeitszonen vervollständigen das Bild des Alltags.

Aufschlussreich ist der unvollendet belassene Bau, bei welchem die Besucher die verschiedenen Bauetappen und die entsprechenden Materialien studieren können.

Die Besucher können sich innerhalb des archäologischen Parks an Tafeln mit in mehreren Sprachen verfassten Hinweisen auf den Besuch der neolithischen Ruinen vorbereiten, bevor sie den Hügel zu besteigen beginnen.

An verschiedenen Punkten im Grabungsgelände finden die Besucher weitere Informationen, welche ihnen die Orientierung erleichtern und auch die im Archäologischen Führer enthaltenen Angaben ergänzen. Von zwei Aussichtsterrassen schliesslich gewinnen sie einen guten Überblick über das ausgedehnte neolitische Siedlungsgebiet.

SOPHOCLES HADJISAVVAS

BIBLIOGRAPHIE

DIKAIOS, Porphyrios. *Khirokitia*. Final Report on the Excavation of a Neolithic Settlement in Cyprus on behalf of the Department of Antiquities 1936-1946. Monograph of the Department of Antiquities of the Government of Cyprus n. 1. Oxford: Oxford University Press, 1953.

GJERSTAD, Einar. *Finds and Results of the Excavations in Cyprus, 1927-1931. The Swedish Cyprus Expedition* I. Stockholm, 1934.

LE BRUN, Alain. *Un site néolithique précéramique en Chypre: Cap Andreas-Kastros*. Paris: A.D.P.F., 1981.

—— *Fouilles récentes à Khirokitia (Chypre), 1977-1981*. Paris: Editions Recherche sur les Civilisations, 1984.

—— *Fouilles récentes à Khirokitia (Chypre), 1983-1986*. Paris: Editions Recherche sur les Civilisations, 1989.

—— *Fouilles récentes à Khirokitia (Chypre), 1988-1991*. Paris: Editions Recherche sur les Civilisations, 1994.

TODD, Ian A. *Vasilikos Valley Project 6: Excavations at Kalavasos-Tenta,* vol. I. *Studies in Mediterranean Archaeology* LXXI:6. Göteborg: Paul Åströms Förlag, 1987.

DIE DEUTSCHE AUSGABE
DES FÜHRERS DURCH KHIROKITIA
VERFASST VON ALAIN LE BRUN
UND ÜBERSETZT VON BERNHARD GRAF
ERSCHEINT IN 5.000 EXEMPLAREN
IM FEBRUAR 1997
FÜR DIE KULTURSTIFTUNG
DER BANK VON CYPERN.
MARIE-LISE MITSOU BETREUTE
DIE HERAUSGABE DIESES FÜHRERS.
GEDRUCKT WURDE ER
BEI CHR. NICOLAOU & SOHN, NICOSIA.
HERAUSGEBERIN DER REIHE DER
ARCHÄOLOGISCHEN FÜHRER
IST MARIA IACOVOU